NOUVELLES OBSERVATIONS

SUR LE PROJET DE LOI

RELATIF A LA PRESSE PÉRIODIQUE,

CONSIDÉRÉ DANS SON ENSEMBLE ET DANS CHACUN DE SES ARTICLES.

NOUVELLES OBSERVATIONS

SUR LE PROJET DE LOI

RELATIF A LA PRESSE PÉRIODIQUE,

CONSIDÉRÉ DANS SON ENSEMBLE ET DANS CHACUN DE SES ARTICLES;

Par M. A. S. G. Coffinières,

DOCTEUR EN DROIT, AVOCAT A LA COUR ROYALE DE PARIS.

Paris,

IMPRIMERIE DE GAULTIER-LAGUIONIE,

HÔTEL DES FERMES.

1828.

NOUVELLES OBSERVATIONS

SUR LE PROJET DE LOI

RELATIF A LA PRESSE PÉRIODIQUE.

Lorsque, sous le dernier ministère, un projet de loi sur la presse périodique et non périodique fut présenté aux chambres, il fut frappé d'une sorte de réprobation publique. Les propriétaires de journaux, menacés dans leur fortune et dans leur liberté par ce projet désastreux, furent admis à faire valoir leurs justes réclamations. Elles furent accueillies, et le projet de loi fut rejeté par la chambre des pairs.

Ils pourraient aujourd'hui exercer le même droit ou plutôt remplir le même devoir ; mais des observations présentées dans un intérêt général seront appréciées avec une égale faveur.

La plupart des dispositions du projet présenté le 29 décembre 1826, qui avaient été signalées comme inconstitutionnelles, contraires aux principes généraux du droit, et destructives de la liberté de la presse, sont reproduites dans le nouveau projet, sur la presse périodique ; et si la réprobation de ce projet ne s'est pas manifestée avec la même énergie, c'est parce qu'il contient, en même tems, quelques dispositions tutélaires qui ne sont qu'un hommage aux principes trop longtems méconnus.

Mais si la proclamation de ces principes n'est elle-même qu'une théorie sans application ; si, à côté de la reconnaissance du droit, on trouve une série de dispositions qui en paralysent l'exercice ; si, en accordant à chacun la faculté de publier un journal sans autorisation, le projet de loi exige des conditions telles, que ce qui devrait être un *droit* pour tous, ne soit qu'*une faveur périlleuse*, dont quelques-uns pourront seulement profiter, faudra-t-il accepter comme un bienfait, ou repousser comme une déception funeste l'œuvre du nouveau ministère ?

Il ne peut y avoir d'incertitude à cet égard, pour ceux qui ont examiné avec soin le projet de loi sur la presse périodique ; et cependant la commission de la chambre des députés en a proposé l'adoption, avec quelques légers amendemens. M le rapporteur de cette commission n'a pas fait connaître les objections graves qui ont dû être élevées dans son sein, contre plusieurs articles du projet. La discussion publique est ouverte ; et comme chacun des honorables députés conserve toute l'indépendance de son opinion, c'est un devoir pour tous les citoyens de présenter à la chambre leurs respectueuses observations, autant dans l'intérêt personnel des propriétaires de journaux, dont ce projet de loi menace l'existence, que dans l'intérêt des libertés publiques.

Jusqu'à présent, les attaques dont le projet ministériel a été l'objet ont été dirigées tour-à-tour contre le système de législation qu'il consacre, et contre quelques-unes de ses dispositions en particulier. Une critique générale laisse toujours quelque chose à désirer, lorsqu'on veut en faire l'application : une critique de détail, lorsqu'elle est incomplète, fait nécessairement supposer l'approbation tacite de toutes les dispositions qu'elle n'a pas discutées.

Pour qu'on soit à portée d'apprécier le nouveau

projet de loi, dans son ensemble et dans ses détails, il convient d'indiquer d'abord les reproches généraux qu'on est fondé à lui adresser, comme présentant un système de législation sur la presse périodique ; ensuite de discuter successivement chacun des articles dont il se compose. Ce travail formera le complément de celui que nous avons déjà publié (1).

Trois vices capitaux peuvent être signalés, dans le projet ; et ils sont d'une telle nature, qu'on ne peut y remédier par des amendemens ordinaires, qui consistent dans la modification ou la suppression de quelques articles de détail ; il faut, en quelque sorte, trancher dans le vif, et faire disparaître les trois quarts des dispositions dont le projet se compose.

En premier lieu, l'œuvre du ministère, avec les amendemens de la commission, contient plusieurs *dispositions préventives* ; et si l'on veut rentrer franchement dans la lettre et dans l'esprit de la Charte, il ne peut en exister sur une semblable matière.

Les lois doivent être, à l'égard de la Charte, ce que sont les ordonnances à l'égard des lois elles-mêmes : le développement et l'application des principes qu'elle proclame. Il y aurait excès de pouvoirs, dans une ordonnance qui, sous le prétexte de régler le mode d'exécution d'une loi, ajouterait à ses dispositions : il y a aussi inconstitutionnalité, dans un acte du pouvoir législatif qui, destiné à mettre, pour ainsi dire, en activité l'un des grands principes consacrés par le pacte constitutionnel, voudrait modifier ce principe ou en paralyser l'application.

La Charte consacre, pour tous les Français, la liberté de la presse, comme un droit que chacun

_____

(1) *Examen du projet de loi sur la presse périodique ;* broch. in-8. Chez Delaforest, place de la Bourse.

peut exercer, à ses risques et périls ; car aux termes de l'art.8 : « chacun a le droit de publier et de
faire imprimer ses opinions, en se conformant *aux
lois qui doivent réprimer les abus de cette liberté.*»

Il ne peut y avoir abus de la liberté de la presse,
que lorsqu'on a fait un mauvais usage de cette liberté, c'est-à-dire, lorsque les faits publiés par
cette voie présentent le caractère d'un délit ou d'un
crime; et comme la Charte n'établit aucune distinction, relativement au mode de publication que
chacun juge convenable de choisir; que l'on peut
manifester ses opinions, soit dans un ouvrage,
soit dans un journal ou écrit périodique, il en résulte nécessairement, qu'on ne peut soumettre à
aucune condition préalable les publications de la
presse périodique ou non périodique.

Vainement dira-t-on que ces conditions n'ont
d'autre but que de *prévenir* les abus. Le législateur n'a ici d'autre mission que de les *réprimer ;*
et d'ailleurs les délits de la presse, comme tous
les autres, supposant un fait matériel qui consiste
dans la publication, il est évident qu'on ne peut
prévenir l'abus , sans paralyser en même tems
l'exercice du droit, c'est-à-dire sans porter une atteinte formelle à la disposition de la Charte.

M. le rapporteur de la commission n'a pas cru
devoir s'arrêter à ce qu'il appelle de *vaines et pénibles théories*, touchant les mesures limitatives, restrictives ou simplement de prévision. On ne peut
appeler *vaines* des théories fondées sur la Charte :
et l'on ne peut davantage qualifier *pénibles* des
théories qui se réduisent aux idées les plus simples.

La Charte n'a pas voulu qu'on pût limiter ou
restreindre la liberté de la presse. Dès-lors toutes
les mesures limitatives et restrictives sont contraires à sa disposition formelle. La théorie qu'elle
consacre, et qu'il est bien facile de saisir, se ré-

duit à ces termes : chacun peut publier ses pensées et ses opinions, d'une manière quelconque ; mais il sera puni, si la presse devient pour lui l'occasion de commettre un délit ou un crime.

Sous ce point de vue, le nouveau projet de loi ne peut être accueilli par les chambres, à cause des dispositions préventives qu'il contient, ou plutôt des entraves qu'il apporte à l'exercice de la liberté de la presse, soit lorsqu'il exige des cautionnemens énormes, de ceux qui veulent publier un journal, soit lorsqu'il les assujétit à contracter entre eux, dans la forme de tel ou tel acte.

Il est impossible de se dissimuler, d'ailleurs, quel a été ici le véritable but des rédacteurs du projet.

Les mesures qu'il contient ont réellement pour objet, non de prévenir l'abus, mais de restreindre l'exercice du droit. Les difficultés de tout genre, les dangers de toute espèce dont on a voulu, en quelque sorte, entourer la publication d'un journal, ne permettront qu'à un petit nombre de personnes d'user de la faculté accordée à toutes. On a voulu qu'*un droit constitutionnel* devînt une *entreprise périlleuse ;* et sous ce premier point de vue surtout, le projet est inconstitutionnel et contraire à la Charte.

En second lieu, le nouveau projet de loi contient des *dispositions rétroactives ;* et, sous ce rapport, ses rédacteurs ont méconnu le principe tutélaire proclamé par toutes les législations ; le principe que l'art. 2 de notre Code civil consacre en ces termes : « La loi ne dispose que pour l'ave- « nir, elle n'a point d'effet rétroactif. »

Le principe de la non-rétroactivité des lois fut toujours respecté, même aux époques les plus orageuses de notre révolution : et s'il y fut porté momentanément atteinte, en haine de l'inégalité dans le partage des successions, l'on sait que cette atteinte ne fut que passagère , et que nos législateurs rapportèrent presque aussitôt les dispositions rétroactives de la loi du 17 nivôse an 2.

Dans les circonstances qui semblaient les moins favorables, le principe de la non-rétroactivité a toujours été maintenu ; et, à toutes les époques, les hommes sages et éclairés ont pensé qu'il y avait moins d'inconvéniens à sanctionner une injustice, qu'à révoquer un droit acquis.

C'est ainsi que le sénatus-consulte de l'an 10 et la Charte elle-même, tout en reconnaissant que la confiscation des biens des émigrés avait été, de la part du gouvernement, l'abus de la force ; et que l'acquisition de ces biens présentait presque toujours une lésion énorme, crurent cependant devoir déclarer irrévocables les ventes de domaines nationaux.

La prescription elle-même n'a été admise, par la législation criminelle et civile, que comme une sorte d'hommage au droit acquis par un laps de temps plus ou moins considérable. Le détenteur d'un immeuble ne justifie d'aucun titre qui lui en ait transféré la propriété; mais sa longue possession devient un titre que la loi ordonne de respecter.

Un citoyen s'est rendu coupable d'un délit ou d'un crime; mais il n'a été l'objet d'aucune poursuite, pendant un certain nombre d'années : et par cela seul , il ne peut être désormais inquiété, dans sa personne ni dans sa fortune.

Lors même qu'une loi nouvelle supprimerait, pour l'avenir, la prescription , en matière civile ou criminelle , celui qui aurait auparavant prescrit la propriété par une possession suffisante , ou celui qui se trouverait à l'abri de toute poursuite, par la longue inaction du ministère public, ne pourrait avoir la crainte que la loi nouvelle l'exposât à perdre sa propriété , ou le rendît passible de la peine infligée au délit ou au crime anéanti d'avance par la prescription.

Mais si l'intérêt de la société , qui ne veut pas que les droits des hommes soient incertains , a fait consacrer le principe de la non-rétroactivité des lois , lors même qu'il s'agit de sanctionner un acte irrégulier ou illégal , combien ce principe devient-il plus respectable encore , s'il est question d'un droit légitime créé sous l'empire d'une loi précédente , particulièrement du droit de propriété , le plus sacré de tous.

Le législateur qui , dans de telles circonstances , donne un effet rétroactif à ses dispositions , commet à la fois un excès de pouvoir en ce qu'il veut soumettre à son autorité le passé , qui n'est jamais dans son domaine , et une violation manifeste du principe fondamental de toute organisation civile , le respect dû à la propriété.

Or , tel est le double reproche qu'on est fondé à adresser au nouveau projet de loi , sur la presse périodique.

D'un côté , par cela seul que les propriétaires des journaux actuellement existans se sont conformés à ce qu'exigeaient les lois , sous l'empire desquelles ils ont pris naissance , leur existence est légale , et l'on ne peut , sans excès de pouvoirs , les soumettre à des conditions nouvelles.

D'un autre côté , ces journaux sont devenus une véritable propriété , pour ceux qui les ont fondés par leur capitaux et leur industrie ; et s'ils ne peuvent en continuer l'exploitation qu'à des conditions onéreuses , qu'il leur est souvent impossible de remplir , on les dépouille violemment de leur propriété , au mépris de la Charte qui veut que la propriété d'un citoyen soit inviolable , et que l'autorité souveraine elle-même ne puisse en exiger le sacrifice , que dans l'intérêt public , moyennant une juste et préalable indemnité.

Ainsi certains journaux politiques, dont la propriété réside sur la tête de plusieurs capitalistes , ou hommes de lettres , se trouvent aujourd'hui exploités par des gérans investis de leur confiance, parce que des motifs de convenance puisés dans la position sociale des propriétaires , ou d'autres circonstances quelconques , ne leur permettent pas de s'occuper personnellement de cette gestion : il faut, d'après le nouveau projet de loi, qu'une association soit désormais formée entre eux , dans les formes prescrites par le Code de commerce; et si des obstacles , d'une nature quelconque, ne leur permettent pas de se conformer à ce qu'exige le législateur, le journal doit cesser de paraître ; ou , en d'autres termes , une propriété importante doit s'éteindre, entre les mains de ceux qui l'ont créée par d'immenses sacrifices.

Le projet de loi est plus désastreux encore, à l'égard des journaux spécialement consacrés aux arts et aux sciences. Non-seulement ils sont astreints à former une association commerciale , comme les propriétaires des journaux politiques, mais encore on exige pour ceux qui paraissent plus d'une fois par semaine un cautionnement de 200,000 fr., auquel ils n'avaient été soumis par aucune loi précédente ; et comme le versement de ce cautionnement est désormais une condition indispensable de leur existence, il en résulte que les propriétaires, qui seront hors d'état de le fournir, se trouveront dépouillés de leur propriété.

C'est là une conséquence immédiate de ce projet vraiment désastreux; et lorsque l'on songe que les journaux et ouvrages périodiques ne parviennent, qu'après un certain nombre d'années, à se couvrir des dépenses considérables que nécessite leur exploitation , il en résulte que les capitaux importans , absorbés pour la création d'un journal , et les frais de tous les genres qu'il exige, pendant un laps de tems plus ou moins long, se trouveront irrévocablement perdus, pour ceux qui ont consacré leur tems et leur fortune à des entreprises qui devraient être encouragées , comme propres à accélérer les progrès des sciences ou des arts auxquels leurs journaux sont spécialement consacrés.

Sous ce second point de vue , le projet de loi doit être repoussé, comme contraire aux principes du droit et aux règles de la justice.

Enfin , il est un troisième rapport, sous lequel les hommes sages doivent apprécier le nouveau projet : nous voulons parler de la sévérité des peines qu'il prononce.

Assurément, si notre Code pénal mérite quelque reproche , ce n'est pas celui d'un excès d'indulgence. Le génie de la fiscalité semble avoir présidé à sa rédaction ; on dirait que toutes les actions coupables ont dû devenir l'objet d'une spéculation pour le trésor public ; car il existe, en quelque sorte, un tarif qui, sous le titre d'amendes, soumet à un impôt tous les actes qui blessent l'intérêt public ou l'intérêt privé.

La législation spéciale sur la presse a créé , pour les délits et les crimes commis par cette voie , des amendes bien plus considérables que celles qu'entraînent les crimes ou les délits d'un autre genre ; mais le nouveau projet a renchéri lui-même sur toutes les lois rendues jusqu'à ce jour ; et les amendes qu'il prononce , non-seulement pour les délits, mais pour les simples contraventions , sont réellement exorbitantes.

Une sorte de défiance, injurieuse pour les magistrats , semble avoir présidé à la rédaction du projet. On a voulu, pour ainsi dire, les empêcher de prendre en considération les circonstances atténuantes qui sont de nature à diminuer la criminalité d'un délit quelconque ; et lorsque, pour tous les crimes et délits prévus par le Code pénal, il existe une immense latitude, dans l'application de la peine, les crimes et les délits de la presse se trouvent comme placés hors des limites de la législation ordinaire, et passibles d'une peine pour laquelle il n'existe presque pas de *minimum.*

Lorsqu'on réfléchit, d'ailleurs, qu'il y a presque toujours un peu d'arbitraire, dans la qualification des crimes et délits de ce genre ; qu'une foule de circonstances accidentelles peuvent rendre criminel un écrit que personne n'eût songé à accuser, dans des circonstances différentes ; on ne peut se défendre de cette pensée, que les rédacteurs du nouveau projet ont réuni tous les moyens possibles de paralyser l'usage de la presse périodique, soit en accumulant les entraves pour la publication même d'un journal, soit en effrayant par des peines pécuniaires exorbitantes, et par la confiscation de leur propriété, ceux qui se livrent à ce genre de publication.

On s'abstiendra de donner d'autres développemens à l'examen général du nouveau projet considéré dans son but, dans son ensemble, et comme constituant un système de législation, relativement à la presse périodique. Violateur de la Charte, comme ayant cherché à déguiser, sous le titre de précautions et de garanties, une foule de mesures préventives qui paralysent l'exercice de la liberté de la presse ; violateur aussi des principes consacrés par la Charte et par le droit civil, dans une foule de dispositions rétroactives qui portent atteinte à des droits acquis, sans respect pour le droit sacré de la propriété ; enfin, présentant, dans

une foule d'articles, l'empreinte d'un esprit de sévérité qu'on ne trouve pas dans notre législation
criminelle; ce projet ne peut obtenir la sanction de
l'autorité législative, sous le règne d'un monarque
qui veut que nos institutions soient en harmonie
avec nos mœurs et nos principes constitutionnels.

Pour remplir la tâche que nous nous sommes
imposée, il convient maintenant d'examiner sé-
parément chacun des articles du projet, tel qu'il a
été amendé par la commission; et il résultera de
cet examen, que dans ses détails, comme dans son
ensemble, ce projet blesse également les règles du
droit et de la justice.

Art. 1er. « Tout Français majeur, jouissant des droits civils,
« pourra, sans autorisation préalable, publier un journal ou
« écrit périodique, *en se conformant aux dispositions de la*
« *présente loi.* »

En supprimant ces derniers mots de l'article, il
ne fait que sanctionner le droit consacré par l'art.
8 de la Charte; puisque la faculté accordée à chacun de publier ses opinions, suppose nécessairement la faculté de choisir le mode de publication
qu'il juge le plus convenable.

L'usage de la presse périodique donne sans
doute plus d'extension et de facilité à la publication de la pensée. Mais par cela seul qu'elle est
l'un des moyens d'user du droit constitutionnel
garanti par la Charte, qui n'en exclut aucun, il
ne dépendait pas du législateur d'en gêner l'exercice, par des conditions quelconques; et l'excès
de pouvoirs devient plus inexcusable encore, si
les conditions exigées sont si onéreuses, qu'elles
rendent impossibles pour la plupart des citoyens,
l'usage d'un droit que la loi accorde à tous.

Art. 2. « Le propriétaire ou les propriétaires de tout journal
« ou écrit périodique, seront tenus, avant sa publication, de
« fournir un cautionnement.

« Si le journal ou écrit périodique paraît plus de deux fois
« par semaine, soit à jour fixe, soit par livraisons ou irrégu-
« lièrement, le cautionnement sera le même que celui qui est
« fixé par l'art. 1er de la loi du 6 juin 1819, pour les jornaux
« quotidiens.

« Le cautionnement sera égal aux trois quarts du taux fixé,
« si le journal ou écrit périodique ne paraît que deux fois par
« semaine.

« Il sera égal à la moitié de ce cautionnement, si le journal
« ou écrit périodique ne paraît qu'une fois par semaine.

« Il sera égal au quart, si le journal ou écrit périodique
« paraît seulement plus d'une fois par mois.

« Le cautionnement des journaux des départemens, autres
« que ceux assimilés par la loi du 9 juin 1819, aux journaux
« de Paris, reste fixé ainsi qu'il l'a été par cette loi.

« Les journaux ou écrits périodiques qui ne paraissent
« qu'une fois par mois ou plus rarement, et les feuilles pério-
« diques exclusivement consacrées aux avis, annonces, affiches
« judiciaires, arrivages maritimes, mercuriales et prix courans,
« seront exempts de cautionnement.

« Toute contravention aux dispositions du présent article,
« sera punie conformément à l'art. 6 de la même loi. »

Le principe est vicieux en lui-même, d'après
les observations générales qu'on a déjà présentées.
On peut mettre un prix à une faveur, mais l'exercice d'un droit doit être libre; et quand la Charte
accorde à chacun la faculté de publier librement
ses pensées et ses opinions, il n'est pas permis de
faire payer, en quelque sorte, un droit qu'elle a
reconnu ou plutôt consacré.

Mais c'est surtout dans l'application de ce principe, faux dans sa base, que les rédacteurs du nouveau projet ont perfectionné l'œuvre de leurs
prédécesseurs.

En effet, la loi du 9 juin 1819, n'exigeait un
cautionnement de 200,000 fr. que pour les journaux quotidiens, consacrés en tout ou en partie aux
matières politiques.

Le projet de loi présenté à la chambre des députés, le 29 décembre 1826, affranchissait lui-
même de tout cautionnement, par son article 12,

les écrits périodiques consacrés aux sciences, aux arts ou aux lettres, qui ne paraîtraient que deux fois par mois ou à des époques plus éloignées.

Comme on le voit, le nouveau projet se montre bien plus avare d'exceptions ; puisqu'il n'admet la dispense du cautionnement, que pour les écrits périodiques qui ne paraissent qu'une fois par mois, et les journaux quotidiens qui ne contiennent que des annonces judiciaires ou commerciales : c'est-à-dire pour la publication desquels on n'a jamais eu besoin que la liberté de la presse fût consacrée en principe, puisqu'ils constituent une spéculation mercantile, plutôt qu'une œuvre littéraire. Lorsque l'on songe que la disposition de cet article s'applique aux écrits littéraires et scientifiques, sauf les modifications que nous aurons à faire remarquer dans l'article suivant, ne serait-on pas tenté de croire qu'elle a moins pour objet de réprimer les abus de la presse, qui présentent peu de dangers, dans les écrits consacrés aux sciences et aux lettres, que de paralyser la propagation des lumières, que certains hommes n'ont pas craint de signaler comme dangereuses ?

Du reste, il existe une lacune dans l'amendement présenté par la commission relativement aux journaux de département ; et les écrits périodiques consacrés aux sciences ou aux arts ne donneront lieu au dépôt d'un cautionnement, que lorsqu'ils seront publiés dans la capitale ; puisque la loi de 1819 conserve son autorité, dans toutes les autres parties de la France.

Art. 3. « Pourront être dispensés du cautionnement, par « ordonnance du roi, tous journaux ou écrits périodiques « exclusivement consacrés aux sciences, aux lettres et aux « arts, qui ne paraîtraient qu'une fois par semaine ou plus « rarement.

« Si le journal ou écrit périodique vient à paraître plus « souvent, ou si une de ses feuilles ou livraisons contient des

« nouvelles ou d'autres matières politiques, la dispense lui
« sera retirée; et si les propriétaires ne déposent pas à la caisse
« des consignations, dans le délai d'un mois, le cautionnement
« auquel ils sont tenus, à raison de la périodicité de leur
« journal, il cessera de paraître, sous les peines portées par
« l'art. 6 de la loi du 9 juin 1819.

« Les ordonnances qui accorderont ou retireront les dis-
« penses, seront insérées au journal officiel. »

Les diverses dispositions de cet article présentent des inconvéniens graves et de choquantes
absurdités.

On se demande, d'abord, s'il est bien convenable
de faire intervenir la personne du souverain, lorsqu'il s'agit d'une simple mesure fiscale.

Si la dispense du cautionnement doit être accordée à tous les éditeurs de recueils littéraires
ou scientifiques, dans le cas prévu par le premier
alinéa de l'article; pourquoi vouloir que cette
dispense soit accordée par une ordonnance du
roi? Si elle doit être accordée aux uns et refusée
aux autres, pourquoi assimiler à des faveurs de
cour ce qui ne devrait être qu'un acte de justice?

Ensuite, lorsque, dans les cas les plus graves,
le droit de faire grace réside essentiellement dans
la personne du monarque, pourquoi renfermer
dans d'étroites limites son intervention bienveillante, lorsqu'il s'agit de la remise d'une sorte de
peine anticipée, en faveur des sciences et des
arts.

Puisque l'une des dispositions de l'article précédent soumet au cautionnement les journaux périodiques qui paraissent une fois par semaine ou
plus rarement, et qu'on laisse au roi la faculté de
les en dispenser, par une ordonnance, pourquoi
ne pas lui accorder la même latitude, relativement à des journaux ou écrits du même genre,
qui paraissent plus d'une fois par semaine ou même
chaque jour ?

Enfin, pourquoi prononcer, pour la moindre infraction, la révocation d'une faveur accordée par le monarque lui-même; et lorsqu'il était peut-être dans son intention bienveillante de maintenir la dispense du cautionnement, quoique l'ouvrage périodique auquel il l'avait accordée eût paru plus souvent, ou eût traité des questions politiques; pourquoi prononcer la suppression du journal, et même des peines contre ses propriétaires, faute d'avoir versé dans un mois un cautionnement qu'ils sont peut-être hors d'état de fournir?

On trouve ainsi dans l'ensemble des dispositions de cet article, des distinctions injustes et arbitraires, un mélange de faveurs et d'injustices, la peine odieuse de la confiscation, pour la contravention la plus légère; et, ce qui est plus pénible encore, l'intervention de l'autorité royale, dans une mesure de police et de fiscalité.

Si l'on veut absolument maintenir l'usage des cautionnemens, pour les journaux politiques, il faudrait du moins supprimer de cet article et de celui qui précède ce qui avait excité de si justes réclamations, contre le projet présenté en 1826: il faudrait affranchir du cautionnement les journaux scientifiques et littéraires. Ce n'est pas dans notre belle France que les sciences et les arts doivent être tributaires du fisc.

Art. 4. « En cas d'association, la société devra être formée « exclusivement en nom collectif ou en commandite.

« Les associés seront tenus de choisir entre eux, un, deux « ou trois gérans qui, aux termes des art. 22 et 24 du Code « de commerce, auront chacun individuellement la signature.

« Si l'un des gérans responsables vient à décéder ou à cesser « ses fonctions, pour une cause quelconque, les propriétaires « seront tenus, dans le délai de deux mois, de le remplacer ou « de réduire, par un acte revêtu des mêmes formalités que « celui de société, le nombre de leurs gérans. Ils auront aussi, « dans les limites ci-dessous déterminées, le droit d'augmenter « ce nombre, en remplissant les mêmes formalités. »

L'idée d'obliger les co-propriétaires de journaux à contracter une association commerciale, a été puisée dans le projet de loi présenté en 1826.

D'après les principes généraux du droit, il est libre à chacun de se soumettre aux formes légales, ou de s'en affranchir, à ses risques et périls. Seulement, dans ce dernier cas, il ne peut compter sur la protection des magistrats, qui sont les organes de la loi, et les défenseurs de ceux qui se sont conformés à ses dispositions.

Ainsi, il arrive tous les jours que ceux qui se trouvent liés d'intérêt, pour une opération importante, ont négligé de contracter une société régulière ; mais cette négligence ne peut entraîner contre eux l'application d'aucune peine : seulement, ils courent la chance d'être obligés solidairement envers les tiers, lorsque ceux-ci parviennent à établir l'existence de l'association ; tandis que leurs co-intéressés pourront faire annuler la société formée entre eux, pour l'inobservation des formalités prescrites par le Code de commerce.

Dès-lors, on se demande pour quels motifs les rédacteurs du nouveau projet de loi ont voulu assujétir les propriétaires de journaux à former entre eux une société, en nom collectif ou en commandite.

Assurément, ce n'est pas pour réprimer, ni même pour prévenir les abus de la presse ; car ces abus peuvent être les mêmes, soit qu'un lien social existe ou n'existe pas, entre les personnes intéressées dans un journal.

Ce n'est pas non plus pour trouver plus de garanties, dans le cas où il y aurait lieu à des condamnations pécuniaires ; puisqu'en exigeant la déclaration de celui qui se rend responsable de la publication d'un journal, on peut exécuter la condamnation, soit sur le cautionnement exigé,

soit sur le journal lui-même, soit contre la personne du propriétaire, ou de l'éditeur responsable.

Le véritable but qu'on s'est proposé, c'est d'augmenter les difficultés qu'entraîne toujours la publication d'un journal. Les rédacteurs du projet ont
pensé, avec raison, que des littérateurs, des hommes revêtus de fonctions publiques, dont la col-
laboration dans un journal devient souvent l'un
des élémens de son succès, pourraient éprouver
de la répugnance à se rendre justiciables des tribunaux de commerce, en figurant dans un acte de
société; que des capitalistes eux-mêmes, qui veulent faciliter la publication d'un journal utile, sans
en faire l'objet d'une spéculation, verraient avec
déplaisir leurs noms livrés à cette publicité que la
loi exige pour les associations commerciales.

Des hésitations à vaincre, des scrupules à satisfaire, quelquefois même des intérêts divers ou
contraires à concilier, sont autant de circonstances propres à entraver, ou même à empêcher la
publication d'un journal; et c'est là le but que les
rédacteurs du projet se sont proposé, dans cet
article, comme dans une foule d'autres.

Ils ne se sont pas aperçus, toutefois, qu'il était
facile de mettre en défaut leurs combinaisons les
plus subtiles; puisqu'en autorisant la forme de
l'association en commandite, il peut n'y avoir
qu'un seul associé responsable, à moins qu'au
mépris de tous les principes du droit, on ne pré-
tende conserver un recours contre les commanditaires.

Il n'y avait aucun motif raisonnable d'interdire
les associations en participation, pour la publication d'un journal, puisqu'elles sont formellement
autorisées par les articles 47 et 48 du Code de commerce, lorsqu'il s'agit d'une ou plusieurs opérations particulières; mais la rédaction d'un acte et

sa publicité ne sont pas exigées pour ces sortes d'associations ; et comme les rédacteurs du projet ont voulu essentiellement attribuer un caractère commercial à la publication d'un journal ou écrit périodique, quoique ceux qui y concourent soient le plus souvent étrangers à la profession du commerce, ils ont exigé une société en nom collectif ou en commandite, qui doit être rédigée par un acte public ou sous seing privé, publié au tribunal de commerce.

En examinant le troisième alinéa de l'article, on est convaincu que les rédacteurs du projet se sont peu occupés de le mettre en harmonie avec les principes généraux du droit.

En effet, aux termes de l'article 1865 du Code civil, la société finit par la mort de l'un des associés. A la vérité, l'article 1868 permet de stipuler, qu'en cas de décès de l'un des associés, la société continuera avec son héritier, ou seulement entre les associés survivans ; mais on n'est pas obligé d'insérer une telle clause dans les actes de société, d'autant que ces sortes de contrats sont d'ordinaire formés, en considération des personnes qui y figurent.

D'ailleurs, s'il s'agit d'une société en commandite, et qu'il n'y ait qu'un seul associé gérant, la mort de cet associé entraîne nécessairement la dissolution de la société, puisque les commanditaires ne peuvent s'immiscer dans la gestion, sans compromettre leur qualité.

Or, la dissolution d'une société doit être suivie de sa liquidation, et cette liquidation entraîne elle-même beaucoup de formalités et de délais ; surtout si des mineurs se trouvent aux droits d'un associé décédé. Un partage ou une licitation devient alors indispensable, pour fixer les droits des associés ou de leurs représentans : et pour peu qu'il survienne

des difficultés de détail, dans le cours de ces opérations, le délai d'une année au moins est nécessaire pour liquider l'ancienne société et en consti-
tuer une nouvelle.

Cependant, l'article qu'on vient de citer suppose
qu'il ne s'agit que du simple remplacement d'une
personne; et il n'accorde qu'un délai de deux mois
aux propriétaires d'un journal, en cas de décès de
l'associé gérant, pour en nommer un autre à sa
place. Dans une foule de circonstances, ce délai
sera insuffisant; dès-lors les propriétaires se trouveront en état de contravention, et le journal devra cesser de paraître.

Ainsi, ce n'est pas assez que, d'après certains articles du projet, une simple contravention puisse
entraîner la suppression du journal, c'est-à-dire la
confiscation d'une propriété souvent créée à grands
frais; un événement de force majeure, la mort du
propriétaire gérant, pourra entraîner la même
conséquence, d'après l'article que nous venons
d'examiner.

« Art. 5. « Les gérans responsables, ou l'un, ou deux d'entre
« eux, dirigeront et surveilleront par eux-mêmes la rédaction
« du journal périodique.

« Chacun des gérans responsables devra être âgé de 25 ans
« accomplis, et avoir les qualités requises par l'art. 980 du
« Code civil; être propriétaire au moins d'une part ou action
« dans l'entreprise; et posséder, en son propre et privé nom,
« un quart au moins du cautionnement. »

Les rédacteurs du projet, dans le but, qui se
manifeste à chaque pas, d'entraver la publication
des journaux, ont voulu perfectionner ici l'art. 13
du projet présenté par le précédent ministère.

D'après ce dernier article, les dispositions législatives qui établissent un privilége de second ordre, au profit des prêteurs de fonds employés aux
cautionnemens des comptables, ne devaient pas
être applicables aux cautionnemens fournis par les
propriétaires de journaux et écrits périodiques.

En repoussant ainsi l'application des principes du droit commun, les rédacteurs du projet de 1826, avaient voulu augmenter, pour les propriétaires de journaux, la difficulté d'emprunter les fonds nécessaires à leur cautionnement ; mais, du moins, il ne leur était pas interdit de recourir à un emprunt, pour se procurer les sommes dont on exigeait le dépôt ; et ils pouvaient espérer de l'obtenir de ceux qui auraient trouvé une garantie suffisante, soit dans leur position sociale, soit dans leur loyauté.

La loi du mois de juin 1819 n'avait pas consacré cette exception absurde et que rien ne peut justifier ; en astreignant les propriétaires de journaux politiques à déposer un cautionnement plus considérable que celui qu'on exige d'un agent de change, ou d'un receveur général des finances, elle leur avait laissé, du moins, toute la latitude possible, pour se procurer les fonds de ce cautionnement ; et les capitalistes que n'effrayaient pas les amendes exorbitantes dont sont menacés à chaque instant les propriétaires de journaux, trouvaient une garantie complétement rassurante, dans l'établissement du privilége de second ordre, toujours autorisé en faveur des bailleurs de fonds, dans les cautionnemens des comptables, des officiers publics et des fournisseurs du gouvernement.

Comme on l'a dit, les rédacteurs du nouveau projet ont encore renchéri sur le système prohibitif inventé par leurs devanciers. Ils ne se sont pas bornés à rendre plus difficile l'emprunt des sommes nécessaires pour le cautionnement ; mais ils ont voulu interdire cet emprunt, d'une manière absolue, au moins à l'égard des associés gérans, puisqu'en exigeant que chacun d'eux fût propriétaire d'une part ou action dans le journal, ils ont voulu de plus qu'il possédât, *en son propre nom, un quart au moins du cautionnement.*

Cette disposition est contraire aux principes généraux du droit; elle est d'ailleurs inutile pour augmenter les garanties que l'on prétend avoir le droit d'exiger des propriétaires de journaux : elle n'a été évidemment inspirée que par un esprit de haine contre la presse périodique, pour rendre presque toujours impossible la publication d'un journal, et pour se créer dans l'occasion un prétexte spécieux, afin de le faire supprimer.

Nous disons d'abord que la disposition est contraire aux principes du droit.

Quel est en effet le but d'un cautionnement? C'est d'offrir une garantie, soit à l'intérêt public, soit à l'intérêt privé, qui peut souffrir une atteinte, par le fait de celui dont on exige le cautionnement; et dès que le cautionnement est soumis à une telle garantie, par qui que ce soit qu'il ait été fourni, il n'existe pas de motifs de vouloir que celui auquel on le demande en soit le véritable propriétaire.

Aussi, dans les fonctions de tout genre, dans celles qui entraînent la responsabilité la plus étendue, on s'inquiète peu que le cautionnement soit fourni par le titulaire ou par un bailleur de fonds; dès qu'il est versé dans les caisses de l'état, toutes les garanties qu'il doit attendre du cautionnement existent en sa faveur, puisque le bailleur de fonds est prévenu lui-même que les faits de charge et le privilége du trésor public primeront le sien. Dèslors les rédacteurs du projet ont admis ici une exception bisarre, et que rien ne peut justifier, en exigeant que le propriétaire gérant d'un journal possède, en son propre et privé nom, au moins un quart du cautionnement.

On a dit, en second lieu, qu'une telle disposition était inutile, et n'ajoutait rien à la garantie que le gouvernement peut avoir à exercer contre les propriétaires de journaux, par suite de condamnations judiciaires.

Si l'effet de ces condamnations devait être res-
treint à la portion de cautionnement fournie par
l'associé gérant, il serait, sinon légal, du moins
équitable en apparence, qu'il fût propriétaire de
la portion du cautionnement par lui versée, afin
qu'un tiers ne fût dans aucun cas responsable des
contraventions ou délits qui pourraient lui être
imputés dans la publication du journal.

Mais il n'en est pas ainsi : d'un côté, d'après
l'art. 13 du nouveau projet, le cautionnement en-
tier est affecté aux condamnations pécuniaires,
lorsque la portion du gérant responsable est elle-
même insuffisante. D'un autre côté, d'après la loi
du 9 juin 1819, et l'ordonnance du même jour,
dont les dispositions ne sont pas abrogées, ce n'est
qu'à défaut de paiement des amendes et domma-
ges et intérêts, dans un délai déterminé, que le
fisc et la partie civile peuvent exercer leurs droits
sur le cautionnement du journal; de telle sorte que
ce cautionnement, affecté plutôt à la garantie qu'au
paiement des condamnations pécuniaires, ne se
trouve jamais atteint, si les propriétaires du journal acquittent les condamnations pécuniaires prononcées contre eux.

Sous ces deux rapports, la disposition qui exige
que le gérant responsable, outre une part dans le
journal, soit propriétaire du quart du cautionnement, est complétement inutile, en ce qu'elle n'a-
joute rien aux garanties que l'on exige des propriétaires de journaux.

Quel est donc le but d'une telle disposition? c'est
précisément celui qu'on a déjà signalé, à l'occasion
de quelques autres articles du projet, de rendre
très-difficile et quelquefois même impossible, l'association que l'on exige d'ailleurs entre les propriétaires d'un journal.

Il peut arriver que celui d'entre eux qui aurait

le plus de capacité, pour diriger une entreprise de ce genre, ne possède pas, outre sa mise de fonds, la somme de 5o,ooo fr. , nécessaire pour fournir le quart du cautionnement.

Il peut arriver aussi que, s'il existe un grand nombre de co-propriétaires, dont chacun ne possède qu'une petite fraction du journal, aucun d'eux ne veuille se déterminer à fournir, de ses deniers, une part du cautionnement bien supérieure à sa mise sociale , et à courir ainsi personnellement plus de risques que chacun de ses associés, en ayant d'ailleurs les embarras d'une gestion toujours difficile.

Dans l'une et l'autre de ces circonstances, et surtout dans la première, il y aura impossibilité absolue de former la société; puisque le gérant responsable ne possédant pas une somme égale au quart du cautionnement, et ne pouvant l'emprunter, sans se mettre en contravention avec la loi projetée, il sera hors d'état de satisfaire à la condition préalable, sans laquelle nul journal ne peut exister.

Enfin, il y a quelque chose d'immoral, dans la disposition dont il s'agit, en ce qu'elle tend à créer une sorte de division et de dissidence dans des associations commerciales , où doivent toujours régner la confiance et la bonne harmonie.

Lorsque, dans une société quelconque, l'un des associés est chargé de gérer, dans l'intérêt commun, c'est aux risques et périls de tous que sa gestion a lieu; parce qu'il est de l'essence du contrat, que chacun participe aux charges comme aux avantages des opérations sociales. Le projet de loi a méconnu ce principe : d'une part, en interdisant de former le fonds du cautionnement avec le fonds commun de la société; d'autre part, en exigeant que chacun des associés gérans soit propriétaire d'une partie considérable du cautionnement, sur laquelle les condamnations doivent d'abord être acquittées.

Cette disposition deviendra la source de discussions fâcheuses entre les associés. Le gérant pourra se plaindre de ce que la responsabilité, lorsqu'elle n'excède pas certaines bornes, pèse exclusivement sur lui seul; les autres propriétaires se plaindront à leur tour si l'on atteint la portion du cautionnement qui leur appartient, parce que, dans l'esprit du projet de loi, c'est le gérant qu'on a voulu rendre essentiellement responsable de la gestion. De là, des discussions intestines, peut-être même des débats judiciaires entre les associés. De là aussi la destitution du gérant, si sa part du cautionnement se trouve entamée par des amendes, et s'il n'a pas, dans ses ressources personnelles, les moyens de le compléter. Delà, enfin, la suppression du journal, si chacun des autres propriétaires se trouve hors d'état de fournir le quart du cautionnement, pour devenir gérant responsable : et voilà quelles seraient les conséquences désastreuses du projet de loi présenté aux chambres. Il ne tend rien moins qu'à anéantir l'usage de la presse périodique, en ayant l'air de la protéger.

Art. 6. « Aucun journal ou écrit périodique soumis au « cautionnement par les dispositions de la présente loi, ne « pourra être publié, s'il n'a été fait préalablement une dé- « claration indiquant :

« 1° Le titre du journal ou écrit périodique, et les époques « auxquelles il doit paraître;

« 2° Le nom de tous les propriétaires, autres que les com- » manditaires, leur demeure, leur part dans l'entreprise ;

« 3° Le nom et la demeure des gérans responsables;

« 4° L'affirmation que ces propriétaires et gérans réunissent « les conditions de capacité prescrites par la loi;

« 5° L'imprimerie dans laquelle le journal ou écrit pério- « dique devra être imprimé.

» Toutes les fois qu'il surviendra quelque mutation, soit dans « le titre du journal, ou dans les conditions de sa périodicité,

« soit parmi les propriétaires ou les gérans responsables, il en
« sera fait déclaration, devant l'autorité compétente, dans les
« quinze jours qui suivront la mutation, à la diligence des
« gérans responsables. En cas de négligence, ils seront punis
« d'une amende de 5oo francs.

« Il en sera de même, si le journal ou écrit périodique venait
« à être imprimé dans une autre imprimerie que celle qui a été
« originairement déclarée.

« Dans le cas ou l'entreprise aurait été formée par une seule
« personne, le propriétaire, s'il réunit les qualités requises par
« le § 2 de l'art. 5, sera en même temps le gérant responsable
« du journal.

« Dans le cas contraire, il sera tenu de présenter un gérant
« responsable, conformément à l'art. 5. »

Art. 7. « Ces déclarations seront accompagnées du dépôt des
« pièces justificatives. Elles seront signées par chacun des pro-
« priétaires du journal ou écrit périodique, ou par le fondé de
« pouvoirs de chacun d'eux. Elles seront reçues à Paris, à la
« direction de la librairie; et dans les départemens, au secrétariat
« de la préfecture. »

Ces deux articles reproduisent, avec de nouveaux développemens, les articles 8 et 9 du projet de loi présenté le 29 décembre 1826.

Dans l'ensemble des formalités minutieuses qu'ils
prescrivent, se manifeste toujours la pensée d'entourer en quelque sorte d'entraves et de difficultés la
publication d'un journal, pour laquelle toutefois
l'art. 1er du projet semble accorder à chacun une
entière liberté.

La conséquence la plus fâcheuse qui pourrait
résulter de ces articles, c'est que tous les propriétaires d'un journal deviennent, dans certains cas,
responsables soit d'une inexactitude, soit de l'o-
mission d'une formalité qui ne pourrait être im-
putée qu'à l'un d'entre eux.

Ainsi, par exemple, si à l'insu des autres propriétaires, le gérant s'est procuré, par un emprunt,
la somme qui lui est nécessaire pour fournir le
quart du cautionnement, faudra-t-il rendre les
autres propriétaires responsables de l'omission de

cette circonstance dans la déclaration, que l'autorité n'aurait pas d'ailleurs reçue, si elle lui eût été révélée ?

Y aurait-il d'ailleurs *fausse déclaration*, dans le sens du projet, si le gérant s'était dit propriétaire d'un quart du cautionnement, tandis que les fonds lui en auraient été fournis par un tiers qui se serait contenté de son engagement personnel, ou d'une garantie étrangère au cautionnement lui-même.

Qu'arriverait-il, si l'un des propriétaires, sans en prévenir les autres, avait transporté à un tiers son droit dans le journal ? y aurait-il lieu à prononcer une amende contre les autres propriétaires, pour n'avoir pas informé l'autorité d'une mutation qui leur était inconnue ?

La nécessité de faire connaître les mutations qui peuvent s'opérer parmi les propriétaires, doit-elle s'étendre aux associés commanditaires, qui sont, comme les autres, copropriétaires du fonds social, jusqu'à concurrence de leur mise ; mais dont les noms ne doivent pas toutefois être compris dans la déclaration qu'exige l'article 6 ?

S'il s'agit d'une association en commandite, dans laquelle ne figure qu'un seul associé gérant, la déclaration faite par celui-ci ne doit-elle pas suffire ; et l'autorité peut-elle demander à connaître toutes les clauses de l'acte d'association, lorsque, d'après une disposition formelle de l'article, il n'est pas nécessaire de comprendre les noms des commanditaires dans la déclaration ?

L'article 38 du Code de commerce permettant de diviser en actions le capital d'une société en commandite, ne pourrait-on pas aisément se soustraire à toutes les formalités minutieuses exigées par le projet, en formant une association entre un associé gérant responsable et des tiers innommés, qui pourront prendre plus tard une action commanditaire dans le journal : de telle sorte que l'autorité ne connaîtra, par le fait, qu'un seul propriétaire, dans un journal ou écrit périodique auquel plusieurs personnes seront intéressées ; et que l'on pourra aussi éluder la disposition qui veut que le gérant soit propriétaire d'un quart au moins du cautionnement, en fournissant ce cautionnement, avec les fonds de l'association commanditaire?

Enfin, on se demande quelles sont ces *pièces justificatives*, qui, d'après l'article 7, doivent être produites à l'appui de la déclaration? Faudra-t-il déposer une expédition de l'acte de société publié au tribunal de commerce? Faudra-il y joindre des actes de notoriété, pour établir que les gérans réunissent les qualités exigées par l'article 980 du Code civil? Faudra-t-il aussi des certificats, pour attester que le gérant est propriétaire du quart du cautionnement? Comment appliquer, dans les associations en commandite, la disposition de l'article 7, qui veut que la déclaration soit signée par chacun des propriétaires? Les commanditaires dont les noms ne doivent pas être compris dans la déclaration, devront-ils toutefois y apposer leurs signatures? Et s'il se trouve des mineurs, des interdits ou des absens parmi les propriétaires d'un journal (car ce n'est qu'à l'égard des gérans responsables que l'on peut exiger les qualités indiquées dans l'article 980 du Code civil); comment satisfaire à la disposition du projet, qui veut que la déclaration soit signée par chacun des propriétaires?

Telles sont les principales difficultés auxquelles doivent donner lieu les art. 6 et 7. Plusieurs d'entre elles ne peuvent être résolues d'une manière satisfaisante : tant il est vrai qu'il faut se livrer à

l'arbitraire des interprétations , lorsque les pres-
criptions de la loi ne présentent pas ce caractère
de simplicité et de franchise que les jurisconsultes
romains recommandaient aux législateurs !

Art. 8. « Chaque numéro de l'écrit périodique sera signé en
« minute par un gérant responsable.

« L'exemplaire signé pour minute , sera déposé au parquet
« du procureur du roi du lieu de l'imprimerie , avant la publi-
« cation; à peine de 1000 francs d'amende contre les gérans.

« La signature sera imprimée au bas de tous lés autres exem-
« plaires, à peine de 500 francs d'amende contre l'imprimeur.

« Les signataires de chaque feuille ou livraison seront res
« ponsables de son contenu, et passibles , ainsi que les auteurs,
« de toutes les peines portées par la loi, à raison de la publica-
« tion des articles ou passages incriminés. En conséquence, des
« poursuites judiciaires seront dirigées tant contre les signa-
« taires des feuilles ou livraisons que contre l'auteur ou les
« auteurs des passages incriminés, si ces auteurs peuvent être
« connus et mis en cause. »

Ici encore les rédacteurs du nouveau projet ont
cru devoir réunir toutes les mesures préventives
et répressives, inventées jusqu'alors , dans cette
législation spéciale.

Ainsi, l'on trouve dans l'art. 2 de la loi du
17 mars 1822 , l'obligation de signer le premier
exemplaire de chaque feuille, à l'instant même du
tirage , pour le déposer au parquet du procureur
du roi.

Quant à l'obligation d'imprimer les noms des
propriétaires et rédacteurs du journal sur chaque
feuille , elle avait été établie par une loi du 28
germinal an 4 , bientôt tombée en désuétude.

A une époque récente, elle a été renouvelée par
l'art. 11 du projet de loi présenté le 29 décembre
1826. Cette disposition fut l'une de celles qui ex-
citèrent les réclamations les plus vives, comme
contraire à nos mœurs, et à ces convenances sociales que les Français sont toujours jaloux de respecter.

Ajoutons qu'elle est complètement inutile, comme ayant pour objet d'indiquer soit à l'autorité elle-même, soit au simple citoyen, offensé dans un journal ou écrit périodique, celui contre qui doit être dirigée son action; puisque le nom du gérant responsable peut être connu de chacun, soit à cause de la déclaration faite à la direction de la librairie, soit au moyen de l'exemplaire revêtu de sa signature, et déposé au parquet du procureur du roi.

La troisième disposition de l'art. 8 peut donner lieu à un reproche plus sérieux encore.

D'après la règle générale, que la peine d'un délit doit être infligée à son auteur, sauf à comprendre dans la poursuite et la condamnation ceux qui sont signalés comme ses complices, le rédacteur d'un article ou d'un passage incriminé dans un journal ou écrit périodique, devrait être directement l'objet de l'action intentée par le ministère public ou par la partie lésée.

Les auteurs du projet de loi présenté aux chambres en 1826, pensèrent que les rédacteurs des journaux étant presque toujours inconnus, c'était contre les propriétaires qu'il convenait de diriger les poursuites; et à cet égard, on ne pouvait critiquer la disposition, dans le cas où les propriétaires, complices par le fait même de la publication, ne feraient pas connaître l'auteur de l'article.

Le nouveau projet de loi a voulu qu'il existât toujours deux coupables, en ordonnant que l'on comprît dans la poursuite l'auteur de l'article, et le gérant responsable du journal.

Toutefois, ce dernier, peut n'avoir à se reprocher qu'un peu de négligence, que l'on doit excuser à cause de la rapidité que nécessite la rédaction d'un journal; et s'il est passible de l'action publique ou civile, quand l'auteur de l'article est

inconnu, il devrait en être affranchi lorsqu'il l'a
signalé à la justice.

Art. 9. « Il est accordé aux propriétaires des journaux ac-
« tuellement existans un délai de trois mois, à dater de la
« promulgation de la présente loi, pour présenter un, deux ou
« trois gérans responsables, réunissant les conditions requises
« par les articles précédens, et faire la déclaration prescrite
« par l'art. 6.

« Si ces gérans responsables ne possèdent pas en propre le
« quart du cautionnement, ils seront admis à justifier que,
« outre leur part dans l'entreprise, ils sont, depuis plus d'un
« an, vrais et légitimes propriétaires d'immeubles payant au
« moins 500 francs de contributions directes, si le journal est
« publié dans les départemens de la Seine, de Seine-et-Oise, et
« de Seine-et-Marne, et de 150 francs dans les autres dépar-
« temens. Ces immeubles devront être libres de toute hypo-
« thèque conventionnelle ou judiciaire.

« En ce cas, il sera fait mention expresse de cette circonstance
« dans la déclaration. »

Cet article appartient à la série des dispositions
rétroactives du nouveau projet ; c'est-à-dire, à
celles qui doivent donner lieu à la critique la plus
sévère ; puisque, ainsi qu'on l'a établi dans les con-
sidérations générales, elles blessent à la fois les
règles du droit et les principes de la justice.

Il est digne de remarque que, depuis la publication de la Charte, les ministères qui se sont
succédé, nous ont toujours promis la jouissance
des droits constitutionnels, et particulièrement de
la liberté de la presse, qu'on a considérée avec
raison comme la sauve-garde de tous nos droits
publics ; qu'à toutes les époques, on a cherché
à justifier les entraves apportées à cette liberté,
comme étant commandées par des circonstances
temporaires et difficiles ; mais que le résultat de ces
promesses trompeuses a été l'aggravation successive
de la législation qui régit la liberté de la presse.

Ainsi, l'on sait que la loi du 17 mars 1822 fut
bien moins favorable à cette liberté que la loi du
9 juin 1819 ; et cependant, elle ne voulut donner

aucun effet rétroactif à ses dispositions ; car, en décidant, dans son article premier, que nul journal consacré à la politique, ne pourrait être établi et publié, sans l'autorisation du roi, elle eut le soin d'ajouter : « Cette disposition n'est pas applicable « aux journaux et écrits périodiques existans le « 1er janvier 1822. »

Dans le projet de loi présenté au mois de décembre 1826, on ne crut pas devoir respecter le principe de la non-rétroactivité des lois ; mais la violation de ce principe ne pouvait avoir des conséquences bien fâcheuses, pour les propriétaires des journaux alors existans ; puisqu'on n'exigeait d'eux qu'une déclaration conforme à celle à laquelle les nouveaux journaux étaient assujétis, et qui ne portait aucune atteinte à la validité des actes intervenus entre les propriétaires.

Le nouveau projet va beaucoup plus loin ; puisque, sans respect pour les conventions formées entre les propriétaires de journaux, il rend obligatoire pour eux la plupart de ses dispositions, substituant ainsi une volonté arbitraire et capricieuse, aux actes sur la foi desquels ces divers journaux s'étaient établis.

Il y a évidemment injustice, dans une telle disposition, par cela seul qu'elle porte atteinte à des droits acquis, sous l'empire d'une législation antérieure ; et cette injustice devient plus révoltante encore, s'il y a impossibilité, pour les propriétaires de la plupart des journaux aujourd'hui existans, de se conformer à ce qu'exigent les rédacteurs du projet.

En effet, la conséquence immédiate de la loi projetée, si elle obtenait la sanction de l'autorité législative, serait la dissolution violente de toutes les associations aujourd'hui existantes dans les divers journaux, qui ne se trouveraient pas exactement conformes à ce qu'exige cette loi.

Il faudrait effectuer d'abord la liquidation de ces anciennes sociétés ainsi inopinément dissoutes, et procéder ensuite à la réorganisation d'une société nouvelle, d'après le système du projet.

Ces deux opérations successives, si des mineurs où des interdits s'y trouvent intéressés, ne peuvent avoir lieu, dans le délai de trois mois, à cause de la nécessité des formalités judiciaires.

Si quelques-uns des propriétaires du journal se trouvent absens du royaume, il y aura augmentation des délais et des difficultés ; de telle sorte qu'il sera légalement et physiquement impossible, aux propriétaires de plusieurs journaux, d'exécuter la première disposition de l'article qui leur enjoint de présenter un, deux ou trois gérans responsables, dans le délai de trois mois.

Cependant, à partir de cette époque, le journal ne pourra continuer à paraître, faute d'avoir présenté ses gérans ; et une propriété importante se trouvera ainsi confisquée, ou du moins anéantie éntre les mains de ceux qui l'avaient acquise, au prix de longs travaux et d'immenses sacrifices.

Ce n'est pas tout encore. Dans l'hypothèse où le délai de trois mois serait suffisant pour liquider l'ancienne société, et pour organiser la société nouvelle, parce que tous les intéressés seraient présens et majeurs, il faudrait l'unanimité entre eux pour le choix des gérans ; et si cette unanimité n'existe pas, ou si, parmi les propriétaires, il ne s'en trouve aucun qui réunisse les qualités exigées par la loi, pour devenir gérant responsable, le journal devra encore cesser de paraître, par l'effet d'une circonstance indépendante de la volonté des propriétaires.

Puisque les rédacteurs du projet de loi s'éloignaient des principes généraux du droit, dans la plupart de ses dispositions, ils pouvaient ajouter

iei une infraction nouvelle, en autorisant la majo-
rité des propriétaires à faire choix d'un ou plusieurs
gérans, malgré l'opposition de la minorité.

Enfin, pourquoi exiger du gérant qui ne peut
verser la somme exigée pour le quart du cautionnement, qu'il possède des immeubles *libres de
toute hypothèque conventionnelle et judiciaire*,
payant cinq cents francs de contributions ; tandis
que la quote de l'impôt est seule exigée pour le
cens électoral, et même pour l'éligibilité des députés, quoique les immeubles soumis à cet impôt
soient grevés d'hypothèques plus ou moins considérables.

Il est vraiment dérisoire d'annoncer que chacun
peut publier un journal, sans autorisation, lorsque
ceux-là mêmes qui se ⸱ ouvent en possession de ce
droit, depuis un grand nombre d'années, sont soumis à des conditions qu'il leur est impossible de
remplir, pour en continuer l'exercice.

« Art. 10. « En cas de contestation, sur la régularité ou la
« sincérité de la déclaration prescrite par l'art. 6 et des pièces
« à l'appui ; il sera statué par les tribunaux, à la diligence du
« préfet, sur simple mémoire, sommairement et sans frais, le
« ministère public entendu.

« Si le journal n'a point encore paru, il sera sursis à la pu-
« blication, jusqu'au jugement à intervenir, lequel sera exécu-
« toire nonobstant appel. »

Cet article ne doit donner lieu qu'à peu d'observations. Il indique assez combien sont compliquées
les formalités prescrites par l'article 6, puisqu'il
suppose qu'il peut y avoir un débat sur la régularité de la déclaration et des pièces qui l'accom-
pagnent.

Un procès, bon ou mauvais, à intenter à ce su-
jet, fournit ainsi à l'administration un moyen facile de retarder la publication d'un nouveau journal, lors même que les propriétaires ont déposé le
cautionnement, et fait tout ce qui dépendait d'eux

pour se conformer aux autres dispositions de la loi.

La seconde disposition de l'article, qui veut que le jugement rendu par le tribunal soit exécutoire, nonobstant l'appel, est favorable aux propriétaires de journaux, dans le cas où le tribunal de première instance a reconnu la régularité de la déclaration et des pièces; mais si leur décision est rendue dans un sens contraire, les délais et les formalités de l'appel peuvent occasioner un retard considérable dans la publication du journal.

Il paraîtrait plus juste d'autoriser provisoirement, dans tous les cas, cette publication, quand le cautionnement a été versé, et que la déclaration a été faite; sauf à l'autorité compétente à se pourvoir, dans le cas où elle voudrait arguer de l'irrégularité, soit de la déclaration elle-même, soit des pièces produites à l'appui.

Art. 11. « Si la déclaration prescrite par l'art. 6 est reconnue « fausse et frauduleuse, en quelqu'une de ses parties, le journal « cessera de paraître. Les auteurs de la déclaration seront « punis, en outre, d'une amende dont le *minimum* sera d'une « somme égale au dixième, et le *maximum* d'une somme égale « à la moitié du cautionnement. »

Ce cas n'avait pas été prévu par le projet de loi du mois de décembre 1826; et l'amendement de la commission a aggravé, à cet égard, la disposition du projet originaire, qui ne prononçait pas la peine de la suppression du journal.

Lorsque l'on songe qu'il ne s'agit pas ici d'un crime ou d'un délit, mais d'une simple contravention à une mesure réglementaire ou de police; et qu'il n'en est d'ailleurs résulté aucun dommage, ni dans l'intérêt public, ni dans l'intérêt privé, on ne peut qu'être affligé de la sévérité de peines prononcées contre les propriétaires de journaux, puisque ces peines sont hors de toute proportion, avec le fait qu'on est fondé à leur reprocher.

Dans les actes qui intéressent le gouvernement, d'une manière directe, par exemple, dans les déclarations à faire aux receveurs des domaines, pour la fixation des droits dus à l'ouverture d'une succession, une peine pécuniaire est seule prononcée, contre les déclarations fausses et frauduleuses. On se borne à assujétir au double droit les valeurs mobilières ou immobilières dont l'existence a été dissimulée aux agens du trésor public.

Dans un autre ordre d'idées, lorsque le dol et la fraude ont porté atteinte aux droits d'un citoyen, par exemple lorsque l'un des successibles a détourné ou recélé quelques objets dépendans de la succession, on le punit, dans l'intérêt des héritiers, en lui interdisant de prendre sa part dans les objets détournés ou recelés, et relativement aux créanciers de la succession, dont sa mauvaise foi a pu compromettre les intérêts, en le constituant héritier, pur et simple, quoiqu'il eût déclaré n'accepter l'hérédité que sous bénéfice d'inventaire.

Dans le cas prévu par l'article du projet, la déclaration fausse et même *frauduleuse* (ce dernier mot a été ajouté par la commission) ne porte aucun préjudice à personne. Il peut arriver, d'ailleurs, que la publication du journal n'ait donné lieu à aucune plainte, soit de la part du ministère public, soit de la part de simples citoyens; cependant le journal sera frappé de la peine la plus sévère, d'une peine que ne pourrait lui faire encourir le délit ou le crime le plus grave, commis par l'abus de la presse, la *suppression;* et comme si ce n'était pas assez de prononcer ainsi contre les propriétaires la confiscation de leur propriété, on ajoute une amende, dont le *minimum* est fixé à 20,000 fr., et qui peut s'élever jusqu'à 100,000 fr.

On ne craint pas de le dire : il y a dans cette disposition un excès de sévérité qu'il serait impossible de justifier : elle peut présenter d'ailleurs, dans son application une injustice révoltante.

En effet, il suffit, aux termes de l'article 11, que la déclaration soit reconnue fausse et frauduleuse, *dans l'une de ses parties*, pour donner lieu à l'application de la double peine; et comme cette déclaration est l'œuvre de plusieurs propriétaires, dont chacun doit affirmer les faits qui lui sont personnels, il pourra arriver que la déclaration faite de bonne foi par tous ces propriétaires, ne soit fausse et frauduleuse qu'à l'égard de l'un d'eux, qui aura pu tromper ses co-intéressés, comme il a trompé l'autorité elle-même. Cependant la peine de la suppression du journal, et celle de l'amende frappant l'universalité des propriétaires du journal, il en résultera que la plupart d'entre eux supporteront les conséquences fâcheuses d'un fait qui leur est entièrement étranger.

Une telle injustice aurait toujours lieu, relativement aux sociétés en commandite, à l'égard de commanditaires qui ne prennent aucune part à la déclaration, puisque leur nom ne doit même pas y figurer.

C'en est assez, sans doute, pour démontrer que cet article présente le double caractère d'une excessive sévérité et d'une injustice révoltante.

Art. 12. « Dans le cas où un journal ou écrit périodique
« est établi et publié, par un seul propriétaire, si ce proprié-
« taire vient à mourir, sa veuve ou ses héritiers auront un délai
« d'un mois, pour présenter un gérant responsable ; ce gérant
« devra être propriétaire d'immeubles libres de toute hypo-
« thèque conventionnelle ou judiciaire, et payant au moins
« 500 francs de contributions directes, si le journal est publié
« dans les départemens de la Seine, de Seine-et-Oise, et de
« Seine-et-Marne. Le gérant que la veuve ou les héritiers
« seront admis à présenter, devra réunir les conditions requises
« par l'art. 5.

« Dans les trois jours du décès, la veuve ou ses héritiers
« seront tenus de présenter un rédacteur qui sera responsable
« du journal, pendant l'intervalle d'un mois.

« Le cautionnement du propriétaire décédé demeurera af-
« fecté à la gestion. »

Cet article donne encore lieu de remarquer que
les rédactenrs du projet sont peu familiarisés avec
les règles du droit et de la procédure.

En effet, ils veulent que dans le délai d'*un mois*,
la veuve ou les héritiers du propriétaire d'un
journal soient tenus de présenter un gérant responsable.

Il est certain qu'un acte de cette nature consti-
tue un acte d'héritier, puisqu'il manifeste l'intention de continuer, aux risques et périls de l'héritier présomptif, l'exploitation du journal qui
fait partie de la succession du défunt.

Or, d'après l'art. 795 du Code civil, l'héritier a
trois mois pour faire inventaire, à compter du
jour de l'ouverture de la succession; et quarante
jours pour délibérer sur son acceptation ou sa re-
nonciation.

L'art. 797 ajoute que, pendant la durée des délais pour faire inventaire et délibérer, l'héritier ne
peut être contraint de prendre qualité.

Ainsi, lors même que tous les héritiers seraient
majeurs, on ne pourrait légalemént les obliger de
faire acte d'héritier, en présentant un gérant responsable, pour le journal exploité par leur auteur,
dans le délai d'un mois, lorsque le Code civil leur
accorde un délai de quatre mois et dix jours pour
prendre qualité dans la succession.

Cette disposition est surtout inapplicable, si
quelques-uns des héritiers sont mineurs ; puisque
plusieurs formalités judiciaires qui nécessitent de
longs délais deviennent alors indispensables.

Pour mettre l'article en harmonie avec les règles
relatives à l'ouverture d'une succession, il faudrait que le rédacteur responsable, que la veuve
ou les héritiers du propriétaire d'un journal sont

autorisés à présenter, continuât ses fonctions, jusqu'à ce qu'un gérant responsable pût être nommé, après l'expiration des délais fixés pour faire inventaire et pour délibérer.

Du reste, le délai de trois jours accordé pour présenter un rédacteur responsable est lui-même insuffisant, si les héritiers ou quelques-uns d'entre eux sont mineurs; puisqu'il devient indispensable de leur nommer un tuteur, qui peut seul provoquer un acte conservatoire dans leur intérêt.

Un reproche plus grave peut aussi être adressé à cet article, relativement à la disposition qui soumet le gérant responsable à justifier qu'il est propriétaire d'un immeuble libre d'hypothèques, et payant au moins 500 francs de contributions.

Si cette disposition est d'une rigueur extrème, à l'égard des co-propriétaires d'un journal aujourd'hui existant, on conçoit du moins que leur intérêt personnel les détermine à faire tous les efforts possibles, pour remplir une condition que la loi leur impose.

Mais les difficultés peuvent être insurmontables, lorsqu'il s'agit des héritiers d'un propriétaire décédé. Ce sera d'ordinaire, dans ce cas, un tiers étranger à la co-propriété du journal, qui devra être présenté comme gérant responsable, si le propriétaire décédé n'a laissé qu'une veuve ou des héritiers mineurs ; et l'on conçoit combien il peut être difficile de trouver une personne jouissant d'une fortune immobilière assez importante, qui veuille assumer sur elle la responsabilité de la publication d'un journal, sur lequel elle n'a d'ailleurs aucun droit de co-propriété.

La veuve et les héritiers seront soumis dans ce cas à la fâcheuse alternative, de ne pouvoir trouver de gérant responsable, et de voir supprimer le journal, ou de ne pouvoir en présenter un, qu'en souscrivant aux sacrifices les plus onéreux.

On terminera l'examen de cet article, par une considération qui en démontre toute l'inutilité.

Les rédacteurs du projet ont voulu qu'en cas de décès du propriétaire d'un journal, le cautionnement restât affecté à la garantie des condamnations. Le journal lui même peut être suspendu ou supprimé, dans les divers cas prévus par cette loi, ainsi que par les lois précédentes auxquelles elle se réfère; il suffisait donc d'obliger les héritiers du propriétaire décédé à se faire représenter par l'un d'eux ou par un étranger, qui serait *personnellement* responsable de la rédaction du journal, sans exiger de lui une garantie pécuniaire qui existe dans le cautionnement, d'une manière complétement satisfaisante.

Art. 13. « Les condamnations pécuniaires prononcées soit « contre les signataires responsables, soit contre les auteurs ou « l'auteur des passages incriminés, seront prélevées, 1° sur la « portion de cautionnement appartenant en propre aux signa-« taires responsables; — 2° Sur le reste du cautionnement, « dans le cas où celle-ci serait insuffisante, sans préjudice pour « le surplus des règles établies par les art. 3 et 4 de la loi du 9 « juin 1819. »

On doit signaler dans cet article, une contradiction manifeste entre les deux dispositions dont il se compose.

Il est dit d'abord, que les condamnations pécuniaires seront *prélevées* sur le cautionnement, ce qui semble indiquer que, sans aucune mise en demeure de la partie publique ou de la partie civile qui a obtenu la condamnation, l'une et l'autre pourront en toucher le montant, en se présentant à la caisse publique où le cautionnement se trouve déposé; tandis qu'à la fin de l'article, on s'en réfère aux art. 3 et 4 de la loi du 9 juin 1819, qui accordent un délai de 15 jours pour le paiement des amendes, ce qui suppose que le cautionnement ne reçoit aucune atteinte, si les propriétaires du journal ont satisfait, dans le délai fixé, aux condamnations pécuniaires intervenues contre eux.

Jusqu'à ce jour, en effet, les amendes prononcées contre certains journaux, ont été acquittées par leur caisse, sans que les cautionnemens par eux versés aient éprouvé aucune réduction, par le prélévement de ces amendes.

Les termes employés dans la rédaction de la première partie de l'article étaient nécessaires, pour établir une distinction injuste et arbitraire entre la portion du cautionnement appartenant au gérant responsable et celle qui appartient aux autres propriétaires.

Les rédacteurs du projet avaient l'option, ou de faire supporter toutes les condamnations pécuniaires par les gérans responsables seuls, ou de les mettre à la charge de la masse des propriétaires du journal. Dans le premier cas, la portion du cautionnement appartenant au gérant ou aux gérans responsables, devait être seule atteinte par les amendes et les condamnations civiles. Dans le second cas , au contraire , l'une et l'autre de ces condamnations devaient être exercées sur la masse du cautionnement, sans aucune distinction.

On a trouvé plus convenable de réunir les deux systèmes, pour aggraver la condition des propriétaires de journaux.

D'une part, en frappant d'abord la partie du cautionnement fournie par les gérans responsables, on a trouvé le moyen d'établir une opposition d'intérêt et d'apporter un germe de défiance entre les associés.

D'autre part , en étendant subsidiairement

la condamnation au surplus du cautionnement appartenant à des commanditaires ou à des propriétaires étrangers à la gestion du journal, on commet une véritable injustice à leur égard, puisqu'on les punit pour un fait qui ne peut leur être imputé.

Il était plus digne du législateur de s'exprimer avec franchise et de mettre les réparations pécuniaires, soit à la charge de l'associé gérant, soit à la charge de tous les propriétaires conjointement, en maintenant le principe qui affecte le cautionnement à la garantie des condamnations de ce genre, sauf aux co-propriétaires à se régler entr'eux, sur la question de responsabilité personnelle ou collective.

Art. 14. « Les amendes autres que celles portées par la pré« sente loi, qui auront été encourues pour délit de publication, « par la voie d'un journal ou écrit périodique, ne seront jamais « moindres du double du *minimum* fixé par les lois relatives à « la répression des délits de la presse.

Sans doute, il faut que les délits de la presse soient punis sévèrement, plus sévèrement peut-être que les délits ordinaires; puisque ceux qui s'en rendent coupables emploient contre la société elle-même ou contre de simples particuliers un droit que la Charte leur a conféré, pour la défense des intérêts publics privés.

Mais quand il existe ici une foule de nuances entre une simple imprudence et une intention criminelle, entre un article répréhensible et un article coupable, il convenait de laisser une grande latitude aux tribunaux, pour l'application de la peine.

La loi du 9 juin 1819 avait accordé un pouvoir discrétionnaire aux magistrats, en leur *permettant* de porter au double les amendes prononcées contre les délits de la presse, lorsque ces délits auraient été commis par la voie de la presse périodique.

Ne trouve-t-on pas, au contraire, dans l'art. 14 du nouveau projet une défiance injurieuse pour la magistrature, lorsqu'il *oblige* les tribunaux à prononcer *dans tous les cas*, s'il s'agit d'un délit de publication par la voie d'un journal ou écrit périodique, une amende double du *minimum* fixé par les lois relatives à la répression des délits de la presse.

Les rédacteurs du nouveau projet, entraînés par une prévention fâcheuse contre les organes quoti-diens de la publicité, semblent avoir oublié qu'on assure presque toujours l'impunité d'un délit, en lui infligeant des peines trop sévères.

Art. 15. « En cas de récidive, indépendamment des dispo-sitions de l'art. 10 de la loi du 9 juin 1819, les tribunaux « pourront, suivant la gravité du délit, prononcer la suspen-« sion du journal ou écrit périodique, pour un temps qui ne « pourra excéder trois mois, ni être moindre d'un mois. Pen-« dant ce temps, le cautionnement continuera à demeurer en « dépôt à la caisse des consignations, et il ne pourra recevoir « d'autre destination.

«Pendant le même tems, les propriétaires du journal suspendu « ne pourront être admis à faire la déclaration prescrite par l'art. « 6, ni à déposer un autre cautionnement, à l'effet d'établir un « nouveau journal. »

On trouve dans cet article tous les caractères qui doivent faire repousser une disposition législative : injustice, absurdité, et sanction des abus que le projet de loi semblait destiné à réprimer.

En premier lieu, l'on se demande ce que c'est que la *récidive*, en matière de délit de la presse. Cette expression ne peut présenter d'incertitude, quand il s'agit d'un crime ou délit ordinaire qui suppose un fait matériel. Ainsi, l'on conçoit qu'il y a récidive, à l'égard d'un voleur ou d'un faus-saire, quand il s'est rendu coupable de deux vols ou de deux faux successifs.

Mais les délits de la presse présentent une foule de caractères différens; ou plutôt, une foule de délits tout-à-fait distincts les uns des autres, composent ici l'échelle de la criminalité, depuis l'attaque indiscrète contre un particulier, jusqu'à la provocation aux crimes contre la sûreté de l'état.

Y aura-t-il récidive, lorsqu'un journal condamné, pour un fait grave, le sera plus tard pour un délit moindre? Sera-ce le journal ou le gérant responsable, qu'il faudra condamner comme coupable de récidive, de telle sorte que l'aggravation de peine ait lieu, par le fait de deux gérans successifs, quoique le journal ait toujours appartenu aux mêmes propriétaires? Enfin lorsqu'un intervalle de tems considérable séparera les deux condamnations, la seconde devra-t-elle être toujours considérée comme une condamnation pour récidive?

Il y a quelque chose d'incertain, de vague, peut-être même d'absurde, dans la prévoyance du cas de récidive en matière de délits de la presse; beaucoup de latitude laissée aux magistrats dans l'application de la peine, un *minimum* modéré, un *maximum* très-élevé dans la fixation des amendes; voilà de quoi satisfaire, dans tous les cas, à la vindicte publique.

En second lieu, il ne faut pas s'abuser sur la nature de la peine de suspension contre un journal, surtout lorsque cette suspension doit être d'un mois au moins, et peut être portée jusqu'à trois mois. Comme la première condition des écrits de ce genre, c'est de paraître tous les jours, la plus légère interruption dans leur périodicité leur cause un dommage grave; et si cette interruption se prolonge, ils ont par cela même cessé d'exister.

Ainsi c'est en réalité la peine *de mort* que l'on peut prononcer contre un journal, pour le délit le plus léger, par cela seul qu'il s'est rendu coupable une première fois ; et comme les rédacteurs du projet n'avaient pas pris assez de précautions pour empêcher que le journal fût en quelque sorte ressuscité sous un autre titre, en déclarant que le cautionnement ne pourrait être retiré pendant le cours de la suspension, la commission a complété la disposition, en ajoutant que, pendant le même tems, il ne serait pas permis aux propriétaires de faire la déclaration et de fournir le cautionnement exigés pour établir un nouveau journal.

Assurément il y a une injustice révoltante, dans la création d'une peine, sans aucune proportion avec le délit ; d'une peine qui, à la fois tue le journal, confisque momentanément le cautionnement, et frappe d'une sorte d'incapacité légale les propriétaires eux-mêmes, personnellement étrangers au fait qui a motivé la condamnation.

En troisième lieu, et enfin, cet article doit être repoussé, comme pouvant reproduire l'abus de ces procès de tendance, dont les rédacteurs du projet ont manifesté l'intention d'affranchir la presse périodique.

La loi du 17 mars 1822 donnait à l'autorité un moyen de se débarrasser des journaux dont les opinions n'étaient pas d'accord avec les siennes ; car tel était le but des procès de tendance.

Mais il fallait une *succession d'articles* rédigés dans un mauvais esprit, et dont chacun aurait pu motiver une condamnation particulière ; c'était à une Cour royale, jugeant en audience solennelle, que la poursuite devait être soumise ; enfin, le maximum de la suspension était d'un mois, et elle pouvait n'être prononcée que pour vingt-quatre heures.

D'après le nouveau projet, deux articles suffisent, pourvu que le premier ait été l'objet d'une condamnation ; trois juges siégeant en police correctionnelle sont seuls appelés à statuer sur la poursuite; enfin le *minimum* de la suspension est d'un mois, et l'application de ce *minimum* anéantit le journal.

En présence d'une telle disposition, la presse périodique est tout-à-fait détruite; il ne s'agit pas de tel ou tel écrit périodique en particulier, mais de la destruction de tout principe de publicité.

Les opinions sont mobiles, surtout en France; on peut être coupable un jour, en professant la doctrine de la veille; tel journal ministériel peut devenir journal de l'opposition, si le ministère change lui-même; et comme les journaux de l'opposition fatiguent toujours les dépositaires du pouvoir, par cela même qu'ils signalent les abus de leur administration, chaque journal pourra devenir à son tour l'objet des attaques de l'autorité.

Il s'agit donc ici d'une question de vie ou de mort pour la presse périodique; et la chambre ne pourra sanctionner une disposition, dont un mauvais ministère pourrait un jour abuser, pour anéantir tous les journaux qui seraient les organes de l'opposition constitutionnelle.

Art. 16. « Dans les procès qui ont pour objet la diffamation, « si les tribunaux ordonnent, aux termes de l'art. 64 de la « Charte, que les débats auront lieu à huis clos, les journaux « ne pourront, à peine de 2000 francs d'amende, publier les « faits de diffamation, ni donner l'extrait des mémoires ou « écrits quelconques qui les contiendraient. »

« Dans toutes les affaires civiles ou criminelles où un huis « clos aura été ordonné, ils ne pourront, sous la même peine, « donner que le prononcé du jugement. »

Art. 17. « Lorsque, aux termes du dernier paragraphe de « l'art. 24 de la loi du 17 mai 1826, les tribunaux civils auront, « pour les faits diffamatoires étrangers à la cause, réservé soit « l'action civile, soit l'action publique des parties, les journaux « ne pourront, sous la même peine, publier ces faits, ni donner « l'extrait des mémoires qui les contiendront. »

On ne peut qu'applaudir à la disposition de ces

deux articles; car la liberté de la presse devient un abus punissable, lorsqu'elle livre à la publicité des faits qui devraient demeurer secrets.

Il nous semble seulement que, dans cette circonstance comme dans beaucoup d'autres, le délit présente plus ou moins de gravité; il peut, dans certains cas, n'y avoir que de la légèreté ou de l'indiscrétion à publier les débats d'une affaire instruite à huis clos; tandis que, dans d'autres circonstances, la publication peut occasioner un véritable scandale, ou être le résultat d'une malveillance inexcusable à l'égard des parties qui figurent dans le procès.

Il conviendrait donc de laisser une certaine latitude aux tribunaux, pour la quotité de l'amende, dont le *minimum* devrait être fixé au-dessous, et le *maximum* porté au-dessus de la somme de 2000 fr.

Art. 18 et dernier. « La loi du 17 mars 1822, relative à la « police des journaux ou écrits périodiques, est abrogée. »

L'abrogation de cette loi du 17 mars 1822, est une grande amélioration dans cette législation spéciale; puisque c'est cette loi qui a créé les procès de *tendance* contre les journaux, et a autorisé l'établissement de la censure, par une simple ordonnance, dans l'intervalle des sessions législatives.

Pour compléter ce bienfait, le seul dont on puisse être redevable au nouveau projet, il conviendrait de comprendre, dans l'abrogation qu'il prononce, la loi du 25 mars 1822, qui n'est que le complément de celle du 17 du meme mois, et surtout de supprimer toutes les dispositions de ce projet qui rendent ce dernier article tout-à-fait illusoire.

Le désir d'éclairer la religion des membres de la chambre des députés, sur toutes les parties d'un projet de loi dont on n'a pas bien apprécié d'abord les conséquences désastreuses, doit faire excuser l'étendue de cette discussion.

L'art. 1er de ce projet et les trois articles qui le terminent, peuvent seuls être maintenus, sauf les modifications dont quelques-uns d'entre eux sont encore susceptibles, si l'on veut que ce projet se trouve en harmonie avec la Charte.

Quant à toutes ses dispositions intermédiaires, elles ne sont pas susceptibles d'être amendées. Il faut les faire entièrement disparaître du projet.

Ce sont, d'une part, des mesures *préventives* sur une matière où le pacte constitutionnel n'autorise que des mesures *répressives ;* d'autre part, c'est un effet rétroactif intolérable dans toutes les lois, surtout lorsqu'il s'agit de porter atteinte à des droits acquis, et de dépouiller les citoyens de leur propriétés. Enfin, ce sont des peines réellement exorbitantes et sans aucune proportion avec les délits auxquels on les applique.

Ce serait un malheur sans doute que le rejet de ce projet de loi, puisque les journaux retomberaient sous l'empire de la loi du 17 mars 1822.

Mais ce serait un malheur plus grand encore que son adoption par les deux chambres, tel qu'il a été amendé par la commission de la chambre des députés.

La censure préalable, repoussée par nos mœurs, n'est plus à craindre aujourd'hui; et un ministère qui veut entrer dans les voies constitutionnelles, hésiterait à la rétablir.

L'indépendance des magistrats offre aussi des garanties rassurantes aux propriétaires de journaux contre les procès de *tendance*, c'est-à-dire contre les accusations qui ne reposent pas sur un délit caractérisé.

Toute sévère qu'elle était, cette loi avait respecté, d'ailleurs, le droit de propriété que le nouveau projet menace dans une foule de ses dispositions.

La chambre des députés reconnaîtra la plupart des articles de ce projet désastreux, naguère repoussé par l'opinion publique ; et en discutant l'œuvre des ministres, inadmissible sous tant de rapports, elle trouvera l'occasion de préparer une loi qui donnera de nouvelles garanties à nos libertés.